AF269532

Índice

Presentación

Hola, soy M.ª del Mar Tort i Casals, profesora de tarot y astrología, directora de la Escola Mariló Casals, del Congreso de Tarot de Barcelona y madrina de la Red Internacional de Tarot.

Autora de los libros *Manual de interpretación del tarot* y *Tarot de las sensaciones* y de las agendas del tarot» que cada año publica Ed. Obelisco.

Hoy te presento la libreta de las lecturas *Manual de Interpretación del Tarot.* En esta libreta encontrarás las plantillas de las 28 lecturas, para que la tengas en tu mesa de trabajo, para que puedas llevarla en el bolso o tenerla con tus barajas de cartas. Para que te sea fácil identificar los distintos tipos de lecturas, verás que están agrupadas por los colores de las hojas. Las lecturas de amor están en rosa, las de trabajo en verde…

Elegir la lectura adecuada es clave para poder hacer una consulta. Cada tarotista tiene sus lecturas de «cabecera», que son con las que más trabaja habitualmente. Tienes en tus manos 28 lecturas distintas para poder practicar y experimentar. Si deseas profundizar en cada una de estas lecturas, en mi libro *Manual de interpretación del tarot* encontrarás cada una de ellas con ejemplos interpretados paso a paso.

¿Qué es el tarot?

El tarot es un oráculo, que está formado por 22 arcanos mayores y 56 arcanos menores (bastos, copas, espadas y oros).

¿Para qué sirve el tarot?

- Es un oráculo que nos permite ver el pasado, tomar conciencia del presente y ver las tendencias del futuro.
- Nos advierte de las dificultades y nos ayuda a aprovechar las facilidades.
- Es una gran herramienta de autoconocimiento, que nos permite ver cómo estamos, cuáles son nuestras virtudes y qué es lo que debemos trabajar en nosotros.
- Nos ayuda a conocer y entender mejor a los demás, y mejora nuestras relaciones.
- Nos orienta y aconseja.

Las claves para una buena lectura

- Antes de empezar, haz una pequeña meditación y protégete energéticamente.
- La pregunta debe ser **clara**, tenemos que entender lo que nos están preguntan, **neutra y ética.**
- Elige la lectura adecuada, esto es fundamental.
- Baraja concentrándote en la pregunta y visualiza la lectura que vas a utilizar.
- Antes de empezar a interpretar, tómate unos segundos para conectar con las cartas.
- Cuando termines, «cierra» la consulta mental, energética y físicamente.

¿Qué lectura utilizar?

Al empezar una sesión, es bueno empezar con una **lectura general,** utiliza aquélla con la que te sientas mejor. En ella podremos ver qué es lo que trae nuestr@ consultante y los temas relevantes para los próximos meses. Después profundizaremos en ellos con las lecturas más concretas.

Lecturas concretas: Hay lecturas concretas generales que nos sirven para cualquier tema. Y lecturas específicas que nos sirven para abordar un tema en concreto: amor, trabajo, etc.

Lecturas cerradas: Parten de posiciones ya predeterminadas (obstáculos, recursos, consultante…). Nos darán respuestas más concretas.

Lecturas abiertas: Son más globales, no parten de una posición predeterminada. Nos dan respuestas más amplias y la intuición será más importante.

Palabras clave de los arcanos mayores

Mago	El trabajo, recursos, iniciativa
Sacerdotisa	Estudios, señora mayor de 70 años, interiorización
Emperatriz	Madre, esposa, sociabilidad, creatividad
Emperador	Padre, esposo, orden, lucha y defiende
Sumo Sacerdote	Experiencia, consejero, abuelo, estabilidad
Enamorados	Amor, elecciones, disfrutar, belleza
Carro	Joven, avanzar, coche, viaje, coger las riendas
Justicia	Exámenes, equilibrio, burocracia, temas legales
Ermitaño	Crónico, lentitud, cosas del pasado, soledad, aprendizaje
Rueda de la Fortuna	Dinero, evolución, circunstancias
Fuerza	Fuerza interior, inteligencia, control
Colgado	Sacrificio, bloqueo, descanso, cambios del punto de vista
Muerte	Cambios radicales, transformación, regeneración
Templanza	Viajes por aire, comunicación, fluir, adaptarse
Diablo	Complicaciones, riesgos, seducción, instintos
Torre	La liberación, inmuebles, imprevistos
Estrella	La joven, las ilusiones, proyectos, protección
Luna	Dudas, miedos, intuición, sensibilidad. Noche
Sol	Amigos, hermanos, brillo, esplendor. Día, año
Juicio	Resurgir, inventarios, chequeos, la llamada, búsqueda. Tomar conciencia
Mundo	Éxito, realización, final feliz, nuestro pequeño mundo
Loco	Idealismo, aventura, libertad

Lectura del sí y del no

Ésta es una lectura concreta para preguntas simples sin mucha trascenden-
cia y para temas muy concretos. Va muy bien cuando estamos empezando a
interpretar.

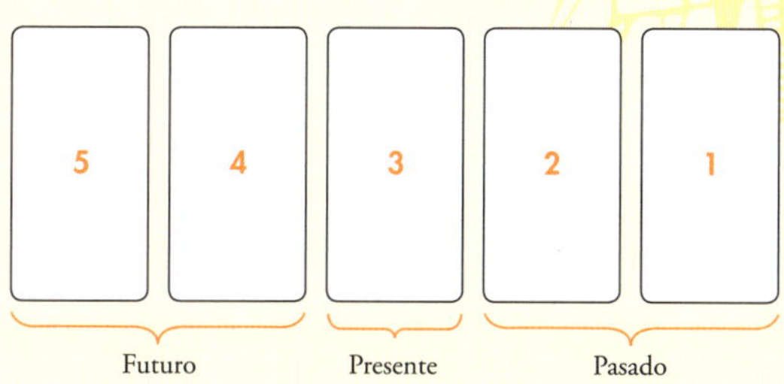

☑ 22 AM   ☑ 78 AMm

Lectura de las decisiones

Ésta es una lectura concreta muy útil para cuando tenemos dos opciones o de sí o no. Nos informa de la evolución de ambas opciones y nos permitirá tomar una decisión con conocimiento.

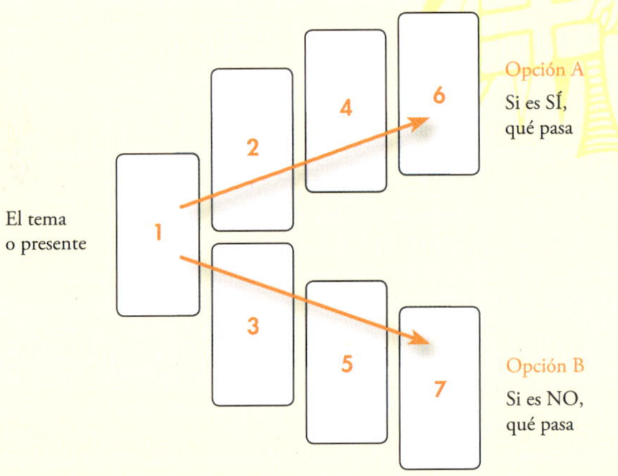

☑ 22 AM ☑ 78 AMm

Lectura concreta

Ésta es una lectura concreta abierta. Para aquellos temas en los que no tenemos toda la información. Esta información que nos falta, nos la darán los arcanos que salgan.

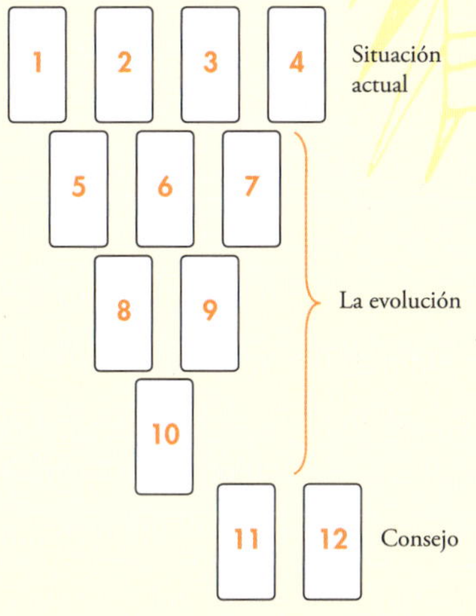

☐ 22 AM   ☑ 78 AMɪɪɪ

Lectura de la cruz celta

Ésta es una lectura concreta cerrada muy amplia. Nos sirve para cualquier pregunta concreta en la que la influencia del pasado pueda ser relevante. Nos permite ver las tendencias de futuro y orientar muy bien al/la consultante.

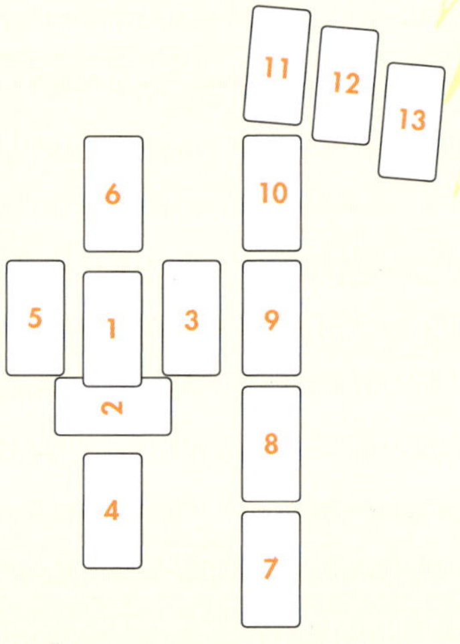

1. Presente o consultante
2. En contra
3. Pasado lejano
4. Pasado reciente
5. Futuro inmediato
6. Futuro lejano
7. Interior
8. Entorno
9. Consejo
10. Futuro lejano
11. Ampliación
12. Ampliación
13. Ampliación

☑ 22 AM   ☑ 78 AMm

Lectura del cuándo

Ésta es una lectura concreta cerrada sobre el tiempo. Esta lectura la utilizamos como complemento a cualquier lectura en la que necesitamos concretar un poco más el tiempo.

1. Pasado
2. Presente
3. Futuro
4. Mayo-junio

5. Julio-agosto
6. Septiembre-octubre
7. Noviembre-diciembre
8. Enero-febrero

9. Marzo-abril

Empezaremos a contar a partir del mes en el que estamos.

☑ 22 AM ☑ 78 AMm

Lectura del corazón

Ésta es una lectura concreta cerrada de temas sentimentales. La utilizaremos para aquellas personas que no tienen pareja y quieren encontrar el amor. Esta lectura nos permite ver los recursos emocionales del/a consultante y la evolución.

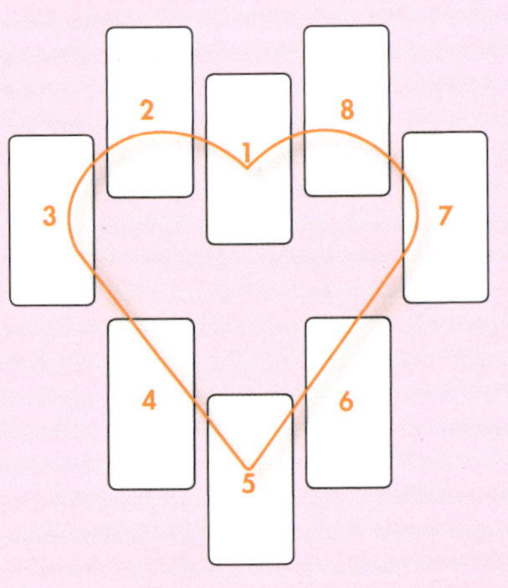

1. Carácter del/la consultante

2. Cómo se enamora el/la consultante

3. Cómo seduce

4. Qué debe pulir

5. Qué debe potenciar

6, 7 y 8. Evolución de las circunstancias

☑ 22 AM ☑ 78 AMm

Lectura qué necesitas y qué buscas en una relación

Ésta es una lectura concreta cerrada de temas sentimentales. La podemos utilizar cuando tenemos un/a consultante con dudas y miedos sentimentales que le/la impiden encontrar una pareja que l@ llene.

1. El/la consultante

2. Experiencias con relaciones pasadas

3. Qué tienes que sanar de relaciones pasadas

4. A qué le temes en una relación

5. Qué buscas al relacionarte

6. Qué necesitas verdaderamente de tus relaciones

7. Lección que debes aprender en tus relaciones

☑ 22 AM   ☑ 78 AMm

Lectura para saber si esta persona es para mí

Ésta es una lectura concreta cerrada de temas sentimentales. Podemos utilizarla cuando una consulta nos pregunta acerca de alguien que le gusta, que acaba de conocer o que hace poco que tiene una relación.

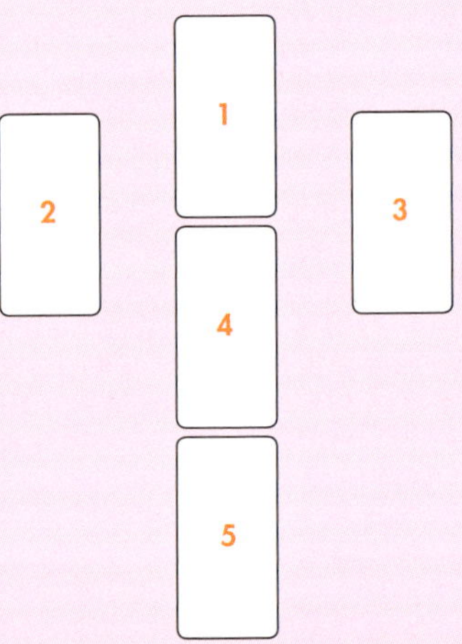

1. La situación en general entre tú y la persona que deseas

2. Cómo se siente esa persona con respecto a ti

3. Cómo te sientes tú con respecto a esta persona

4. Obstáculos para una posible relación con esta persona

5. Consejo para esta relación/contestación a la pregunta: ¿es esta persona para mí?

☑ 22 AM   ☑ 78 AMm

Lectura de la boda

Ésta es una lectura concreta cerrada de tema sentimental. La podemos utilizar cuando queremos saber cómo evolucionará una relación de pareja después de casarse o de ir a vivir juntos. Nos da una visión a medio y largo plazo.

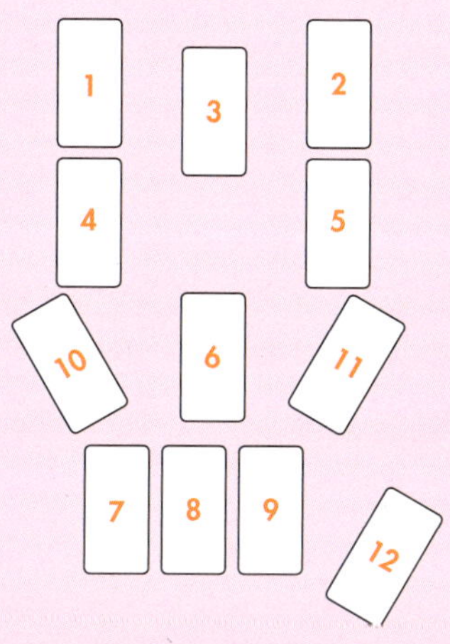

1. Ella
2. Él
3. Compatibilidad de la pareja
4. Lo que ella trae del pasado
5. Lo que él trae del pasado
6. Retos que han de enfrentar
7. Resultados de esta unión en un año
8. Resultados en tres años
9. Resultados en siete años
10. Lo que ella aprenderá de él
11. Lo que él aprenderá de ella
12. Lección que ambos deben aprender/síntesis de la relación

☑ 22 AM   ☑ 78 AMm

Lectura de la pareja

Ésta es una lectura concreta de temas sentimentales. Es una lectura que nos permite ver cómo está una relación de pareja desde el punto de vista de cada una de las personas. Podemos decir que es un buen chequeo de la relación.

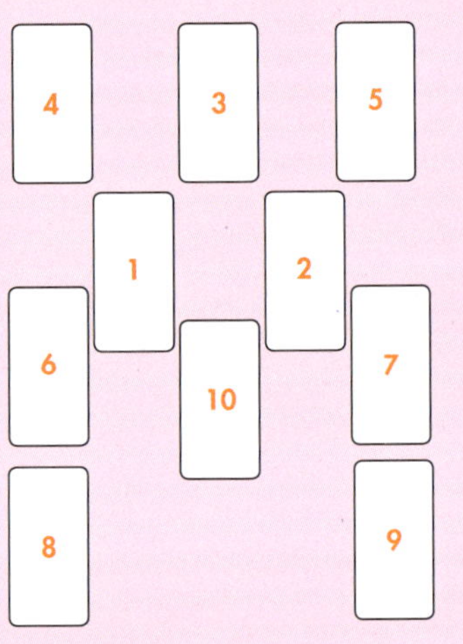

1. Él
2. Ella
3. Lo que los une
4. Lo que él tiene en la mente
5. Lo que ella tiene en la mente
6. Lo que él tiene en el corazón (lo que siente)
7. Lo que ella tiene en el corazón (lo que siente)
8. Lo que él desea sexualmente
9. Lo que ella desea sexualmente
10. Lo que los separa

☑ 22 AM   ☑ 78 AMm

Lectura del sexo

Ésta es una lectura concreta cerrada. La podemos utilizar para ver la «salud» sexual de una relación o del/la consultante o de su pareja. Esto nos puede dar unos consejos muy útiles para poder mejorar nuestra sexualidad.

1. Cómo es el/la consultante
2. Cómo está el/la consultante en estos momentos
3. Deseos sexuales
4. Aquello que realiza sexualmente
5. Inconsciente sexual
6. Consejo

Lectura del embarazo

Ésta es una lectura concreta cerrada. Nos permite ver la evolución de un embarazo y nos da información del bebé, del embarazo por trimestres y del parto. También podríamos utilizarla para un proyecto.

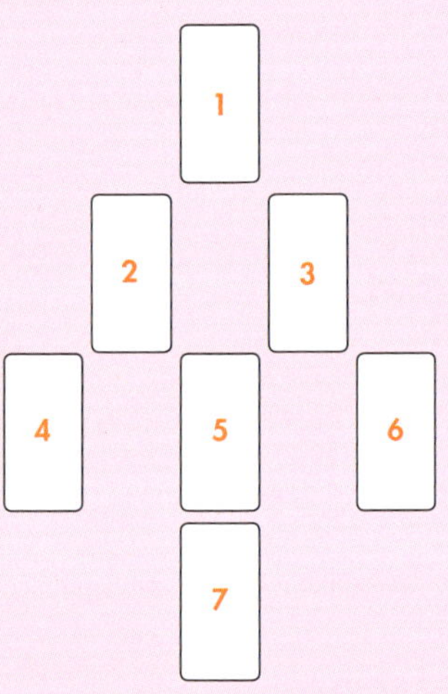

1. Consultante

2. Evolución del embarazo en general

3. Feto

4. Primer trimestre del embarazo

5. Segundo trimestre del embarazo

6. Tercer trimestre del embarazo

7. Parto

☑ 22 AM ☑ 78 AMm

Lectura de los negocios

Ésta es una lectura concreta cerrada de temas laborales. Esta lectura la utilizaremos para obtener información acerca de algún negocio o proyecto empresarial que todavía no hemos empezado o que está en período de gestación.

1. ¿Debería montar mi propio negocio?

2. ¿Debería asociarme con alguien?

3. ¿Responderá el público
   a mi producto?

4. ¿Será difícil el trabajo?

5. ¿Necesito realizar ahora algunos
   cambios?

6. ¿Hay responsabilidades que haya pasado
   por alto?

7. ¿Tendré éxito?

8. ¿Ganaré dinero con este negocio?

9. ¿Qué método de publicidad debería
   emplear?

10. Resultado final

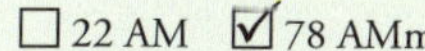 22 AM ☑ 78 AMm

Lectura de los conflictos laborales

Ésta es una lectura concreta cerrada de temas laborales. La podemos utilizar cuando nuestr@ consultante es un/a emplead@ y tiene conflictos o problemas en el trabajo.

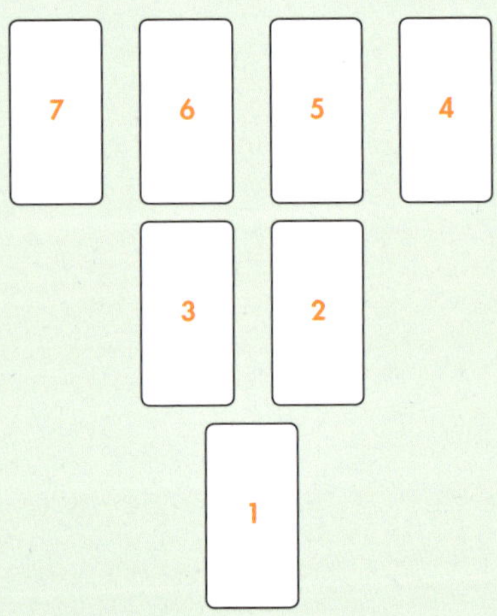

1. ¿Qué es lo que te preocupa de tu empleo?

2. ¿Está el conflicto más allá de tu control?

3. ¿Deberías comunicar esos sentimientos a tu jef@?

4. ¿Te causa problemas de salud el trabajo?

5. ¿Habrá pronto cambios en tu empleo?

6. ¿Deberías buscar un nuevo puesto?

7. Resultado final

☐ 22 AM   ☑ 78 AMm

Lectura del pleito

Ésta es una lectura concreta cerrada de temas legales. La utilizaremos cuando tengamos un/a consultante con algún pleito o juicio pendiente. O cuando alguien está pensando en poner un pleito a otra persona.

1. ¿Qué te preocupa de tu posición?
2. ¿Cuál es el conflicto que crea tu inseguridad?
3. ¿Existe un temor a la oposición?
4. ¿Son honrados tus motivos?
5 .¿Qué cambios te gustaría realizar ahora?
6. ¿Es tu abogado una persona formal y responsable?
7. ¿Te ves ganando el pleito?
8. ¿Habrá una recompensa económica?
9. ¿Cuánto tiempo queda hasta que se dicte la sentencia?
10. Resultado final

☐ 22 AM   ☑ 78 AMm

Lectura del dinero

Ésta es una lectura concreta cerrada de temas económicos. La podemos utilizar cuando nos preguntan por la economía o cuando empezamos el año y queremos saber nuestra economía para el año.

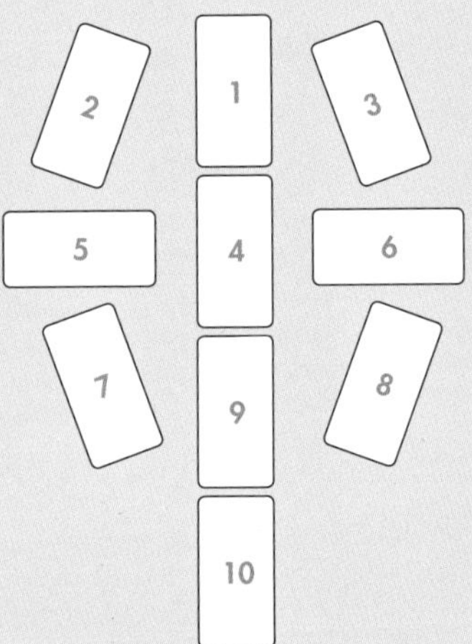

1. Mente
2. Ayuda
3. Trabajo
4. Consultante
5. Objetivo (qué quiere conseguir)
6. Obstrucciones, obstáculos
7. Suerte o fortuna (dinero que no viene de los otros)
8. Sacrificios a realizar
9. Desarrollo que seguirá
10. Conclusión o síntesis

☑ 22 AM ☑ 78 AMm

Lectura de la salud

Ésta es una lectura concreta cerrada de temas de salud. Esta lectura es para mirar la salud en general, no la utilizaremos para ver un tema concreto ni en profundidad. Sólo es para ver lo que tenemos que cuidar un poco más.

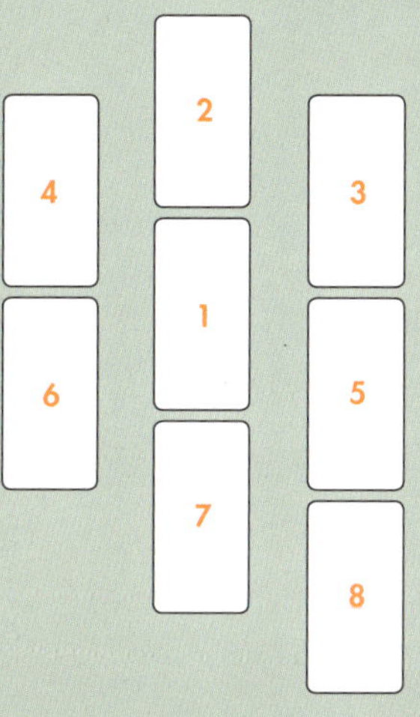

1. Consultante en el presente
2. Salud en el pasado
3. Salud, lo que sabemos y vemos
4. Temas relacionados con la salud que no ve
5. Fortalezas
6. Debilidades
7. Salud en el futuro
8. Consejo

☑ 22 AM   ☑ 78 AMín

Lectura general de las 9 cartas

Ésta es una lectura general abierta. Es una buena lectura general sencilla y que nos permitirá ver los temas más relevantes del pasado, el presente y el futuro de nuestr@ consultante. Podemos leerla en horizontal tal cual está numerada y en vertical (1, 4, 7) (2, 5, 8) y (3, 6, 9).

☑ 22 AM   ☑ 78 AMm

Lectura de las 13 cartas

Ésta es una lectura general, pero también podemos utilizarla como lectura concreta para poder tratar algún tema concreto con profundidad.

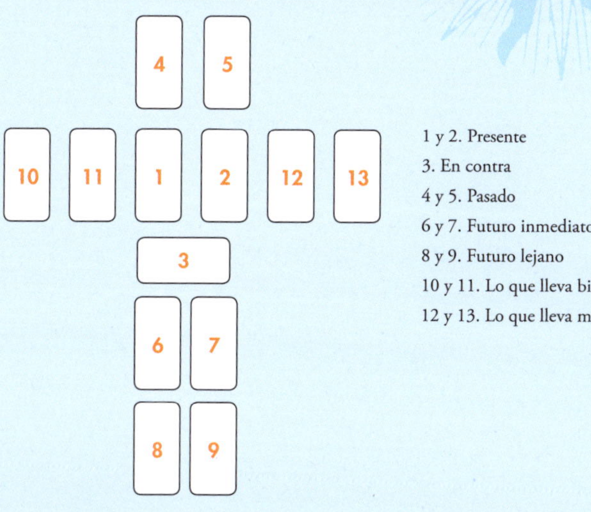

1 y 2. Presente

3. En contra

4 y 5. Pasado

6 y 7. Futuro inmediato

8 y 9. Futuro lejano

10 y 11. Lo que lleva bien

12 y 13. Lo que lleva mal

☑ 22 AM ☑ 78 AMm

Lectura astrológica

Ésta es una lectura general de las más conocidas. Es una muy buena lectura general y muy completa que nos permite ver las tendencias del año en distintos ámbitos. Es muy recomendable para el cumpleaños.

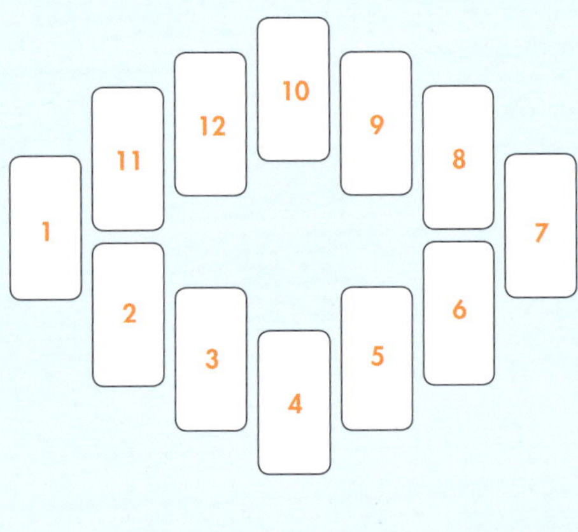

1. Personalidad
2. Dinero ganado por uno mismo
3. Mente concreta, entorno cercano y viajes cortos
4. Hogar, relaciones familiares y padre
5. Hijos, novios, diversiones
6. Trabajo, obligaciones y salud
7. Pareja y socios
8. Sexo, dinero de los demás (herencias, préstamos…) esoterismo
9. Mente superior (ideología, creencias), estudios superiores y viajes largos
10. Vida social y profesional, madre
11. Amigos, ilusiones y proyectos
12. Lo que tenemos que aprender

☐ 22 AM ☑ 78 AMm

Lectura general de los 7 ámbitos

Ésta es una lectura general fácil y muy fluida. Nos permite analizar 7 ámbitos de la vida, viendo de dónde venimos, el presente y las tendencias de futuro.

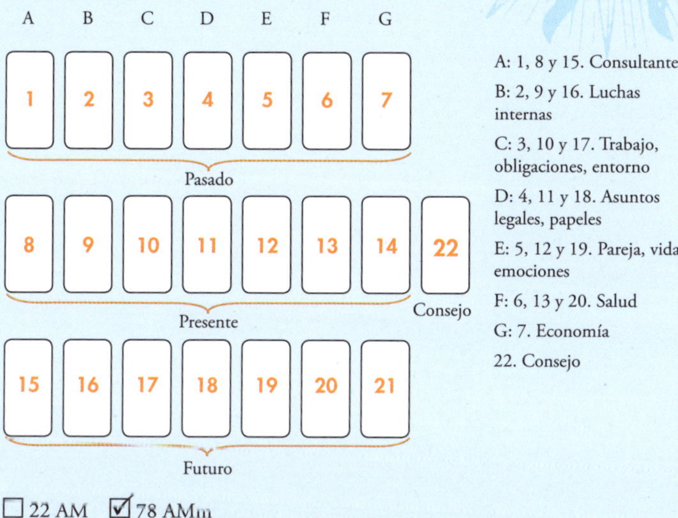

A: 1, 8 y 15. Consultante

B: 2, 9 y 16. Luchas internas

C: 3, 10 y 17. Trabajo, obligaciones, entorno

D: 4, 11 y 18. Asuntos legales, papeles

E: 5, 12 y 19. Pareja, vida, emociones

F: 6, 13 y 20. Salud

G: 7. Economía

22. Consejo

☐ 22 AM   ☑ 78 AMm

Lectura de la pequeña pirámide psicológica

Ésta es una lectura psicológica que nos permite ver cómo está una persona. Si hacemos dos pirámides podemos ver la compatibilidad entre dos personas. Esta lectura nos la podemos hacer a nosotr@s mism@s.

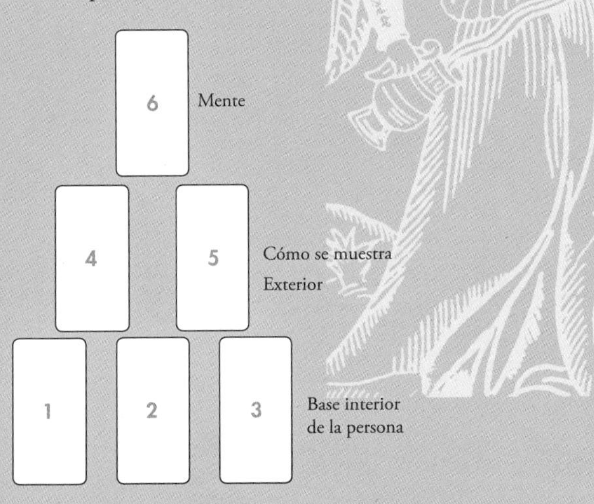

☐ 22 AM ☑ 78 AMm

Lectura del equilibrio entre los 3 centros

Ésta es una lectura concreta de autoconocimiento que nos permite ver cómo tenemos los 3 centros. Nos la podemos hacer a nosotr@s mism@s.

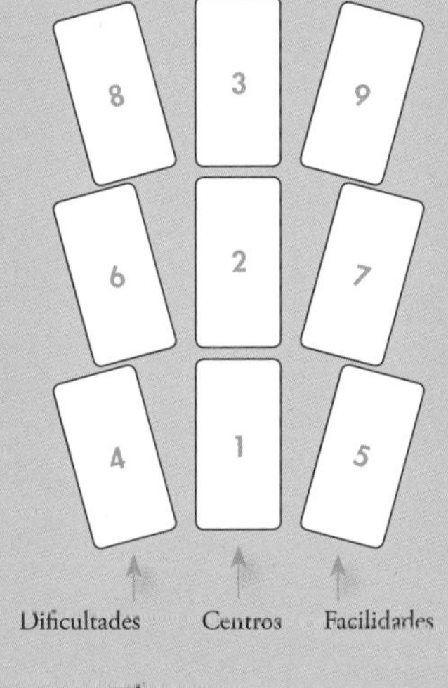

1. Físico
2. Mental   } Arcanos mayores
3. Emocional

4. Dificultades para equilibrar
   el nivel físico
   Arcanos mayores o menores

5. Facilidades para equilibrar
   el nivel físico
   Arcanos mayores o menores

6. Dificultades para equilibrar
   el nivel mental
   Arcanos mayores o menores

7. Facilidades para equilibrar
   el nivel mental
   Arcanos mayores o menores

8. Dificultades para equilibrar
   el nivel emocional
   Arcanos mayores o menores

9. Facilidades para equilibrar
   el nivel emocional
   Arcanos mayores o menores

☐ 22 AM   ☑ 78 AMm

Lectura personal/espiritual

Ésta es una lectura concreta que podemos interpretar a nivel personal, para ver hacia dónde tengo que dirigir mi vida, o a un nivel más profundo, a nivel espiritual.

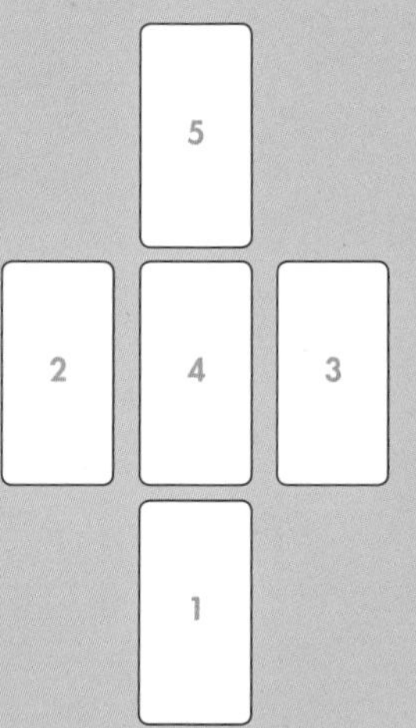

1. Momento en el que te encuentras
2. Lo que tienes que potenciar
3. Lo que tienes que dejar atrás
4. El camino a seguir
5. Dónde tienes que llegar

☑ 22 AM   ☐ 78 AMm

Lectura del don

Ésta es una lectura de autoconocimiento que nos permite ver si tenemos algún «don» o facultad, y nos permitirá ver cómo podemos potenciarlo. Es una lectura que también nos podemos hacer nosotr@s mism@s

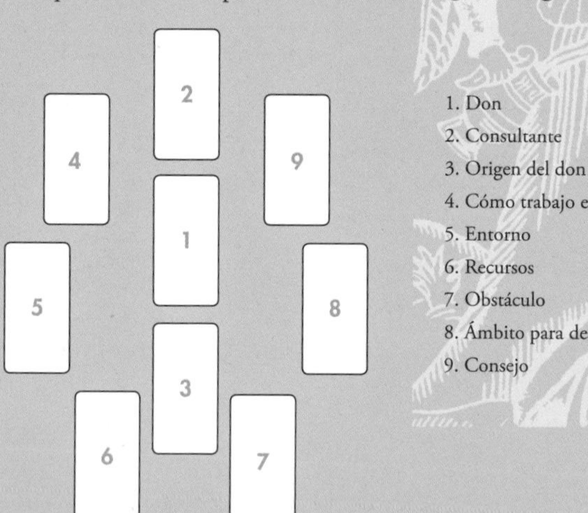

1. Don

2. Consultante

3. Origen del don

4. Cómo trabajo el don

5. Entorno

6. Recursos

7. Obstáculo

8. Ámbito para desarrollarlo

9. Consejo

☑ 22 AM   ☑ 78 AMm

Lectura kármica

Ésta es una lectura concreta kármica. Nos permitirá ver cuál es nuestro karma, cómo se manifiesta y cuál es nuestro aprendizaje. Es una lectura que nos podemos hacer nosotr@s mismo@s.

1. Consultante

2. Karma que debo cumplir

3, 4 y 5. Cómo se manifiesta este karma en mi vida

6. Circunstancias que debo vivir

7. Qué debo aprender

8. Consejo de la esencia divina

☑ 22 AM   ☑ 78 AMm

Lectura de las relaciones kármicas

Ésta es una lectura concreta de temas kármicos. Nos permitirá ver si la relación con alguna persona de nuestra vida ya viene de una relación de una vida anterior.

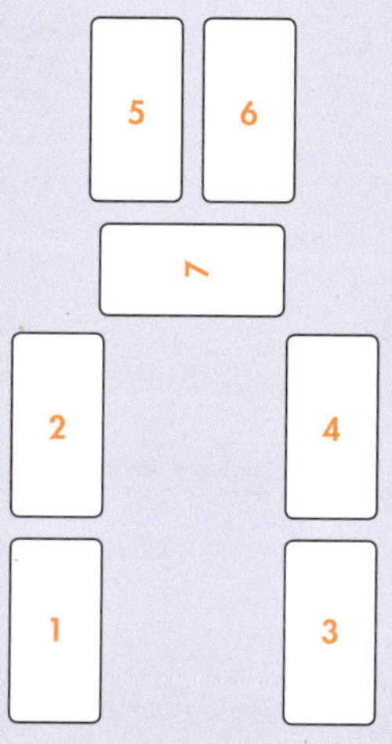

1 y 2. Persona A
en la vida anterior

3 y 4. Persona B
en la vida anterior

5. Persona A unida

6. Persona B unida

7. Lazo kármico

☐ 22 AM   ☑ 78 AMm

Lectura de la relación entre dos vidas

Ésta es una lectura concreta kármica. Nos permite analizar nuestra vida actual con nuestra vida anterior, de esta manera podremos saber qué es lo que debemos trabajar y aprender. Es una lectura que nos podemos hacer a nosotr@s mism@.

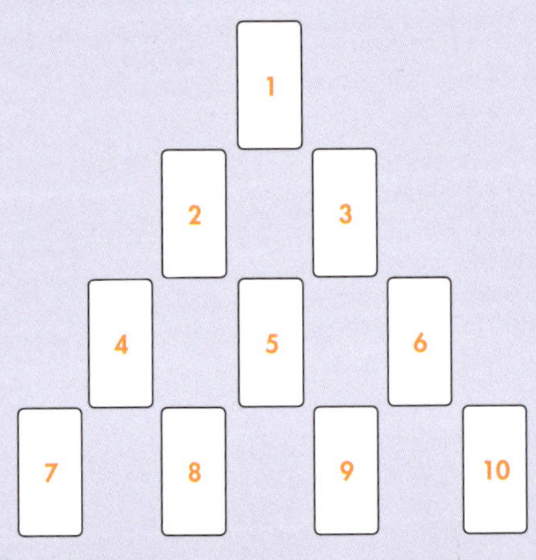

1. Quién era yo en la vida anterior a ésta
2. Niñez y adolescencia de esa vida anterior
3. Vida adulta en esa vida anterior
4. Mi evolución espiritual al final de esa vida anterior
5. Quién soy yo en la vida actual
6. Vínculo espiritual con la vida anterior
7. Manifestación práctica/cotidiana de esos vínculos
8. Tarea a realizar en esta vida = karma
9. Máximo desarrollo espiritual en esta vida
10. Qué me espera en mi próxima encarnación

☐ 22 AM   ☑ 78 AMm

**Crea tu propia lectura**

M.ª del Mar Tort i Casals
(Directora de la Escuela Mariló Casals)

Puedes buscarme en...

Facebook: @mmartortcasals (búscame en mi página profesional)
Instagram: @mmartortcasals
Pinterest: @mmartortcasals
Si deseas aprender contenidos y más lecturas:
Youtube «escolamarilocasals» ¡Más de 45 000 personas nos siguen!
Web: www.escolamarilocasals.com

Si deseas información del Congreso de Tarot: www.congresotarot.com
www.redinternacionalcongresosdetarot.com
Si deseas adherirte al Código ético del tarot: www.eticaytarot.com
Si deseas comprar nuestros productos:
www.tiendatarotmarilocasals.com

Publicaciones con Obelisco

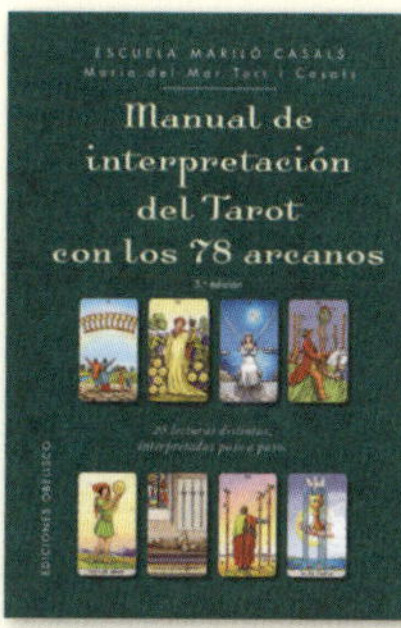

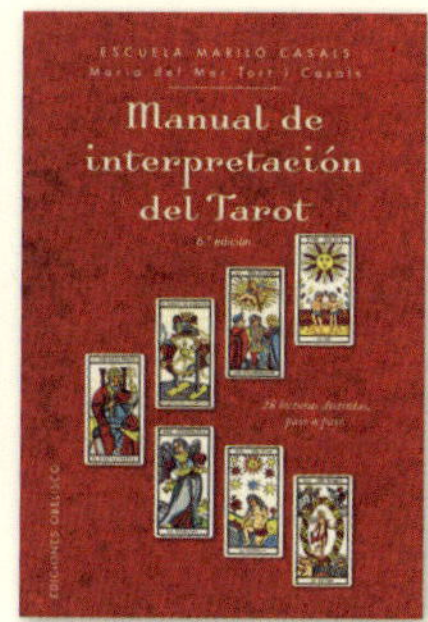

Puede consultar nuestro catálogo en www.edicionesobelisco.com

Libreta de lecturas. Manual de interpretación del Tarot
Maria del Mar Tort i Casals

1.ª edición: julio de 2021
3.ª edición: mayo de 2023

Maquetación: *Isabel Also*
Corrección: *Sara Moreno*
Diseño de cubierta: *Carol Briceño*

Edita: Ediciones Obelisco, S. L.
Collita, 23-25. Pol. Ind. Molí de la Bastida
08191 Rubí - Barcelona - España
Tel. 93 309 85 25
E-mail: info@edicionesobelisco.com

ISBN: 978-84-9111-752-0
Depósito Legal: B-9.579-2021

Impreso en Cevagraf

Printed in Spain